Hacer música con imanes

Kristina Mercedes Urquhart, M.A.

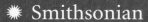
Smithsonian

Autora contribuyente

Alison Duarte

Asesores

Roger Sherman
Curador
National Museum of American History

Stephanie Anastasopoulos, M.Ed.
TOSA, Integración de CTRIAM
Distrito Escolar de Solana Beach

Créditos de publicación

Rachelle Cracchiolo, M.S.Ed., *Editora*
Diana Kenney, M.A.Ed., NBCT, *Realizadora de la serie*
Véronique Bos, *Directora creativa*
Caroline Gasca, M.S.Ed., *Gerenta general de contenido*
Smithsonian Science Education Center

Créditos de imágenes: pág.5 (superior) Lanmas/Alamy; pág.5 (centro) Vatican Apostolic Library, The Yorck Project; pág.5 (inferior) © Smithsonian; pág.8 (superior) SPL/Science Source; pág.8 (inferior) SSPL/Getty Images; pág.12 (izquierda) Wetwebwork/Flickr; pág.12 (derecha), pág.19 (superior) MediaPunch Inc./Alamy; pág.13 (inferior) PhilipR/Shutterstock; pág.14 United States Patent and Trademark Office; pág.15 (derecha) Philip Pilosian/Shutterstock; pág.16 (izquierda) Pictorial Press Ltd/Alamy; págs.16–17 Philippe Gras/Le Pictorium/Newscom; pág.18 (izquierda) Frank Forcino/NameFace/Sipa USA/Newscom; págs.18–19 Splash News/Alamy; pág.19 (inferior) Robert LeSieur/Reuters/Newscom; págs.20–21 Nick_Nick/Shutterstock; pág.21 (superior, izquierda) cortesía de Raymond Boyd; pág.21 (superior, derecha) Dydric [Creative Commons BY-SA 2.5]; pág.22 cortesía de Andy Cavatorta; pág.24 fotografía de Ryan Scott, cortesía del Drexel ExCITe Center; pág.25 (superior) cortesía del Drexel ExCITe Center; pág.25 (inferior) cortesía del Drexel ExCITe Center, ilustración de Peter English y Jeff Gregorio; pág.26 Kul Bhatia/Science Source; pág.32 (izquierda) Bruce Mars; todas las demás imágenes cortesía de iStock y/o Shutterstock.

Library of Congress Cataloging-in-Publication Data

Names: Urquhart, Kristina Mercedes, author.
Title: Hacer música con imanes / Kristina Mercedes Urquhart.
Other titles: Making music with magnets. Spanish
Description: Huntington Beach, CA : Teacher Created Materials, 2022. | Includes index. | Audience: Grades 4-6 | Summary: "Magnets are the sparks that bring electric guitars to life! See how the electric guitar has changed over the years and how it has impacted music. Also learn how electromagnets work and what they're made of. Follow the electric current to learn more about the world of making music with magnets"-- Provided by publisher.
Identifiers: LCCN 2021049500 (print) | LCCN 2021049501 (ebook) | ISBN 9781087644509 (paperback) | ISBN 9781087644974 (epub)
Subjects: LCSH: Electric guitar--Juvenile literature. | Magnets--Juvenile literature.
Classification: LCC ML1015.G9 U7718 2022 (print) | LCC ML1015.G9 (ebook) | DDC 787.87/19--dc23
LC record available at https://lccn.loc.gov/2021049500
LC ebook record available at https://lccn.loc.gov/2021049501

☼ Smithsonian

Teacher Created Materials

5301 Oceanus Drive
Huntington Beach, CA 92649-1030
www.tcmpub.com
ISBN 978-1-0876-4450-9

Contenido

Los orígenes

La guitarra es uno de los instrumentos más utilizados del mundo. Podrías considerarla un invento moderno, ¡pero los primeros instrumentos similares a la guitarra se crearon hace miles de años! Los instrumentos han cambiado mucho desde entonces, pero tengan la forma que tengan, están hechos para tocar música.

Los antepasados más antiguos de la guitarra moderna eran instrumentos de cuerda. El *tanbur* era uno de ellos. El *tanbur* egipcio se creó hace cuatro mil años y tiene un aspecto similar al de una guitarra moderna. Tiene un mástil largo y recto, cuerpo en forma de pera y cuerdas que cruzan la caja de resonancia. En la antigüedad, las cuerdas se fabricaban con tripas de animales, como las vacas y los gatos.

Cientos de años después, un grupo de musulmanes llevó a España su propio instrumento de cuerda, llamado *oud*. El *oud* era más corto y más redondeado que la mayoría de los *tanbures*. Del *oud* surgió la guitarra española. La guitarra española es el primer antepasado de la guitarra moderna. Pronto se extendió por Francia, Inglaterra y Alemania. Desde allí, cambió muchas veces a lo largo de los años y continuó extendiéndose por todo el mundo.

grabado del siglo XVIII de un hombre tocando un instrumento de cuerda

imagen del siglo XIII de un hombre tocando un *oud*

Algunas pinturas murales del antiguo Egipto muestran a personas tocando *tanbures* en grupos. ¡Esas pinturas tienen más de 3,500 años de antigüedad!

Suban el volumen

Durante mucho tiempo, la gente estaba contenta con la guitarra tal y como era. Sin embargo, algunos músicos pensaban que las guitarras eran demasiado silenciosas. No se podían oír por encima de las trompetas, los tambores y los pianos. ¡Debían tener más volumen!

Hacer música

Hoy en día, los dos tipos de guitarra más comunes son la **acústica** y la eléctrica. Por fuera son parecidas. La parte superior de ambas guitarras se llama cabeza. La cabeza sostiene las cuerdas y tiene clavijas de afinación, que aflojan o aprietan las cuerdas. El diapasón de la guitarra está conectado a la cabeza. El diapasón es el lugar donde se apoyan las cuerdas. En el diapasón hay diferentes trastes, que son tiras de metal. Los músicos pueden utilizar un dedo para sujetar la cuerda en uno de los trastes, lo que cambiará la **altura tonal** de la nota. Eso le permite al guitarrista tocar muchas notas musicales.

Las guitarras acústicas y las eléctricas pueden tener un aspecto similar. Sin embargo, la manera en que hacen música es muy diferente. Las guitarras acústicas tienen un cuerpo hueco con un agujero en el centro, llamado boca. Primero, el músico puntea las cuerdas. Luego, las vibraciones de esas cuerdas bajan hasta la boca de la guitarra. Al vibrar, el hueco hace que el aire de su interior vibre también, y eso produce sonidos.

interior de una guitarra acústica

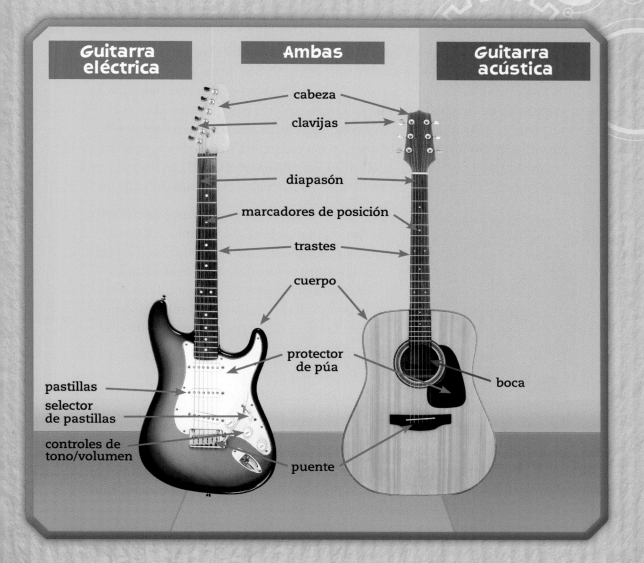

Guitarra eléctrica — Ambas — Guitarra acústica

cabeza
clavijas
diapasón
marcadores de posición
trastes
cuerpo
protector de púa
boca
pastillas
selector de pastillas
controles de tono/volumen
puente

TECNOLOGÍA

Cuerdas salvajes

Hoy en día, las cuerdas de las guitarras acústicas se hacen con un tipo de plástico llamado nailon, pero antes los guitarristas utilizaban materiales naturales para crear sus cuerdas. Las primeras cuerdas se hacían con intestinos de animales y se llamaban cuerdas de tripa. Esas cuerdas producían un sonido vibrante y agradable.

Las guitarras eléctricas son diferentes. Utilizan **electroimanes** para producir sonidos. Los electroimanes están hechos de un alambre **conductor** y una pieza de metal. Primero, se enrolla un trozo de alambre metálico alrededor de una pieza de metal. Luego, se hace pasar electricidad por el alambre. Eso crea el electroimán. Los electroimanes son diferentes de los imanes comunes. Los imanes no necesitan una fuente de energía; los electroimanes sí. Cuando la electricidad está encendida, el electroimán está encendido. Cuando la electricidad está apagada, el electroimán también.

William Sturgeon creó el primer electroimán. Sturgeon era un ingeniero británico. Cuando estaba en el ejército, fue a Terranova. Mientras estaba allí, observó relámpagos en el cielo. Esas tormentas despertaron su interés por la electricidad, y quiso saber más. ¿Cómo funcionaba? ¿Qué podía aprender de ella?

Cuando Sturgeon regresó a su casa, comenzó a trabajar con imanes y con la electricidad. Al principio, solo hizo pasar electricidad a través de bobinas de alambre para crear un **campo magnético**. En 1825, Sturgeon tuvo una idea. Enrolló un alambre alrededor de una pieza de metal. Luego, hizo pasar electricidad por el alambre. Su imán era mucho más potente que antes. ¡Sturgeon no sabía el impacto que tendría su trabajo en el mundo de la música!

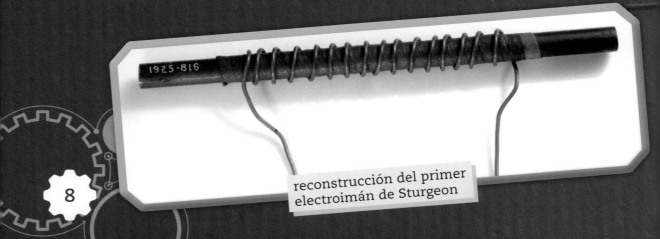

reconstrucción del primer electroimán de Sturgeon

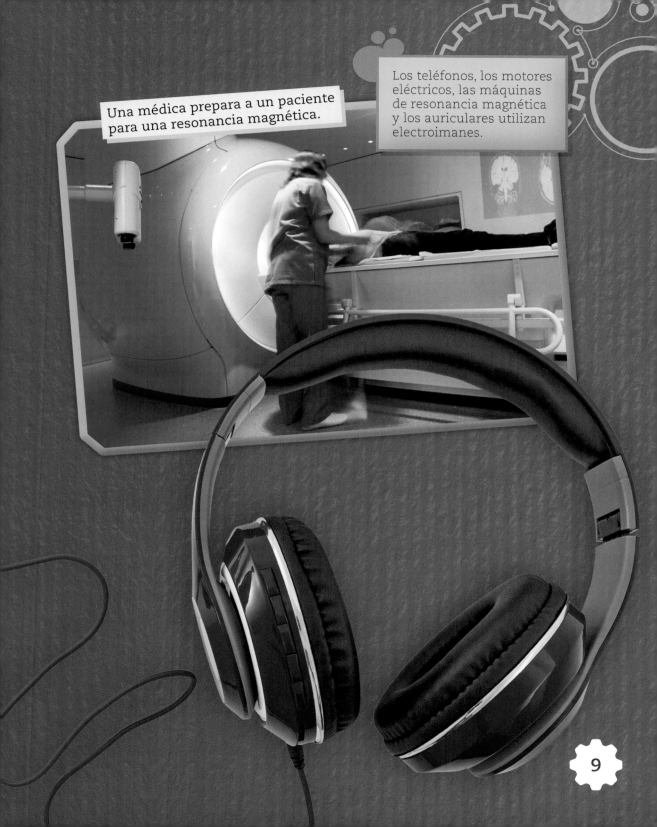

Una médica prepara a un paciente para una resonancia magnética.

Los teléfonos, los motores eléctricos, las máquinas de resonancia magnética y los auriculares utilizan electroimanes.

Las guitarras eléctricas se basan en el invento de Sturgeon. Sin electroimanes, las guitarras eléctricas no producirían sonidos fuertes. La gente oye los sonidos de las guitarras acústicas porque son huecas y tienen un agujero, o boca. Pero las guitarras eléctricas no son huecas y no tienen agujeros. Por eso, necesitan una fuente de energía para producir sonidos.

En el caso de las guitarras eléctricas, la fuente de energía proviene de los **amplificadores**. Cuando se enciende un amplificador, la corriente eléctrica que sale de él hace dos cosas. Primero, viaja hasta una pieza de metal envuelta en alambre. Esa pieza se llama pastilla, y actúa como electroimán. Luego, la corriente eléctrica crea un campo magnético alrededor de las cuerdas de metal que están en el diapasón. Cuando el guitarrista puntea las cuerdas, vibran. Esas vibraciones se transmiten a la pastilla. La pastilla **transforma** las vibraciones de las cuerdas en una corriente eléctrica. La corriente viaja por un cable hasta el amplificador. El amplificador proyecta los sonidos de la guitarra. Puede parecer un proceso largo y complejo. ¡Pero todo eso sucede antes de que parpadees!

El alambre de las pastillas modernas es aproximadamente la mitad de grueso que un cabello. ¡Da hasta 8,000 vueltas alrededor del metal!

El amplificador es la fuente de energía de una guitarra eléctrica.

CIENCIAS

Encendido

La base de un electroimán es un trozo de metal (normalmente hierro) envuelto en un alambre. El alambre suele ser de cobre. Solos, esos dos objetos no producen ningún sonido. Pero cuando se les añade electricidad, ¡cobran vida! Cuando se hace pasar una corriente, se forma un campo magnético alrededor del alambre. Mientras la electricidad esté encendida, el metal se convierte en un imán. Si se apaga la corriente, ¡se apaga el imán!

cuerda de guitarra

campo magnético

vibraciones de la cuerda

amplificador

metal envuelto en alambre (electroimán)

+

−

altavoz

diagrama del cableado de una guitarra eléctrica

El nacimiento de la guitarra eléctrica

Hoy en día, las guitarras eléctricas son algo habitual. Si vas a un concierto, probablemente habrá algún músico tocando una guitarra eléctrica. Pero no siempre fue así. De hecho, las guitarras eléctricas son algo relativamente reciente.

La primera guitarra eléctrica se inventó en 1931. Fue creada por un hombre llamado George Beauchamp. Beauchamp quería que las guitarras acústicas sonaran más fuerte. Su proyecto final fue apodado "Sartén", por su cuerpo redondo y su cuello largo. ¡Se parecía a una sartén! La Sartén era una versión eléctrica de una guitarra acústica, una guitarra *lap steel*. Los músicos colocaban las guitarras *lap steel* sobre su regazo y tocaban punteando las cuerdas. Al mover una varilla de acero a lo largo de las cuerdas, cambiaba la altura tonal de las notas. En la base de las cuerdas había unas pastillas con forma de herradura. Esas pastillas convertían las vibraciones en corrientes eléctricas, que eran amplificadas y reproducidas por unos altavoces.

La Sartén hacía un sonido único y rápidamente se hizo popular entre los músicos hawaianos. Su sonido particular se puede oír aún hoy. Pronto, otras compañías empezaron a fabricar guitarras eléctricas como esa. El sonido especial de la Sartén influyó en ciertos tipos de música, como el *bluegrass* y la música de las *big bands* de *jazz*.

la primera guitarra de Beauchamp, la guitarra Sartén

El *bluegrass*, o pasto azul, se llama así gracias a uno de sus fundadores, Bill Monroe. Monroe llamó a su banda Blue Grass Boys en honor a su estado natal de Kentucky (el Estado de los Pastos Azules).

Un guitarrista desliza una barra de acero por las cuerdas de una guitarra *lap steel*.

Una banda de *bluegrass* toca en una calle de San Luis, Misuri.

Beauchamp vendió la Sartén por primera vez en 1932. Solicitó la **patente** dos años después. Pero la patente tardó tres años en aprobarse. En ese tiempo, otras compañías utilizaron el modelo de Beauchamp para fabricar sus propias guitarras eléctricas. Pronto hubo nuevos estilos para escoger.

Las guitarras eléctricas empezaron a utilizarse en nuevos **géneros**. Ya no se usaban solo en la música hawaiana. Esa era la escena musical en la década de 1940, en la que se encontraba Leo Fender. Fender era reparador de radios. Con los años, escuchaba cada vez más guitarras eléctricas en la radio. Fender notó que la guitarra eléctrica estaba empezando a hacerse popular. Entonces, en 1946, fundó su propia compañía de guitarras.

La primera guitarra Fender fue construida en 1951. Se llamaba Fender Telecaster. Algunas personas pensaban que era demasiado sencilla. Una de esas personas era Ted McCarty, el presidente de la compañía de guitarras Gibson. McCarty llamó a la Telecaster una "guitarra de tablón". McCarty pensaba que la guitarra de Fender era poco **elaborada**. Esos comentarios desencadenaron una rivalidad entre Fender y Gibson. Ambas compañías trabajaban para hacer las mejores guitarras.

la patente de Beauchamp

Telecaster con dos pastillas

Stratocaster con tres pastillas

Más alta que nunca

Después de la Telecaster, Fender construyó la Stratocaster. Fue la primera guitarra con tres pastillas en lugar de dos. Esa pastilla adicional podía recoger más vibraciones, lo que permitía obtener más **tonos**. La Stratocaster también tenía un nuevo sistema de "trémolo". Gracias a ese dispositivo, los guitarristas podían subir y bajar la altura tonal de las cuerdas. Esos nuevos diseños les permitían a los músicos tener más control que nunca sobre su música.

15

Las guitarras eléctricas se imponen

Finalmente, la disputa entre Fender y Gibson fue algo bueno. Les ayudó a crear algunas de las guitarras más **versátiles** del mundo. Sus guitarras podían tocar mucho más que las notas comunes. Los músicos ahora también podían cambiar el tono, el volumen y la altura tonal de las notas. Además, podían usar accesorios para cambiar el sonido de las guitarras. Los guitarristas eran creativos e inquietos. Encontraron muchas formas de crear sonidos nuevos con sus guitarras.

El surgimiento del *rock and roll* en las décadas de 1950 y 1960 dio lugar a nuevas técnicas. Los guitarristas aprendieron que podían cambiar el sonido acercándose a sus amplificadores o alejándose de ellos. Algunos utilizaban distintos elementos para tocar las cuerdas, como sus uñas o nuevos estilos de **púas**. Y mientras tanto, las guitarras Stratocaster, de Fender, y las Les Paul, de Gibson, eran las dos guitarras más populares del mercado.

En 1948, el músico Les Paul se rompió el codo en un accidente automovilístico. Les Paul le pidió al médico que le enyesara el brazo en el ángulo correcto para poder seguir tocando la guitarra. Cuatro años después, inventó la guitarra Gibson Les Paul.

Jimi Hendrix fue uno de los guitarristas más populares del mundo en la década de 1960.

La moda del *rock and roll* dio paso al *heavy metal* en las décadas de 1970 y de 1980. El *heavy metal* tiene un fuerte enfoque en los sonidos de la guitarra eléctrica. Los artistas querían crear nuevos sonidos que coincidieran con el clima enfático del género. Pronto aparecieron nuevos equipos. Los dispositivos, como el pedal *wah-wah*, ayudaron a los guitarristas a crear nuevos sonidos.

Las canciones ahora incluían largos solos de guitarra. El guitarrista pronto se convirtió en uno de los músicos más importantes de la banda. Los *riffs* de guitarra pesados eran comunes y duraban varios minutos. Los guitarristas, como Eddie Van Halen y Carlos Santana, pasaron a ser celebridades. Y las bandas de *heavy metal*, como Aerosmith y Guns N' Roses, eran conocidas en todo el mundo.

El *heavy metal* dio paso a la música *grunge* en la década de 1990. Nirvana y Pearl Jam fueron dos de los líderes del género. Mezclaban nuevos sonidos de guitarra con letras sensibles. La guitarra eléctrica seguía siendo una pieza clave en las bandas. Pero ahora se utilizaba para hacer que el público sintiera las penas.

el cantante principal de Nirvana, Kurt Cobain, en una presentación realizada en 1993

el cantante de Pearl Jam, Eddie Vedder, en una presentación realizada en 2016

Guns N' Roses en una presentación realizada en 1988

Haciendo de las suyas

Van Halen no estaba contento con las guitarras eléctricas de la década de 1970. Así que combinó partes de viejas guitarras Fender y Gibson. Los seguidores de Van Halen llamaron a su nueva guitarra "Frankenstein". Él la pintó con un patrón único de rayas blancas y negras para hacerla destacar. Pero vio que otras personas empezaron a copiar su diseño, así que la pintó nuevamente de un color rojo brillante. La Frankenstein roja de Van Halen sigue siendo una de las guitarras más famosas de todos los tiempos.

Van Halen sostiene una réplica de su guitarra Frankenstein.

19

En los últimos tiempos, con el surgimiento de nuevos géneros se venden menos guitarras eléctricas. El folk utiliza guitarras acústicas. La música *hiphop* se centra más en el *scratching* de los discos que en las guitarras fuertes. Y el pop y la música electrónica de baile (EDM, por sus siglas en inglés) se basan en sonidos electrónicos. En esos géneros, cuanto más artificial suene la música, mejor.

Pero no todo está perdido para las guitarras eléctricas. Han encontrado un nuevo hogar en diferentes espacios. Las **orquestas** han empezado a utilizar guitarras eléctricas en sus conciertos. Las estrellas de internet tocan sus propias versiones de música clásica. Ahora se puede escuchar a Bach y a Mozart con efectos de guitarra eléctrica.

Las escuelas de guitarra también han notado que hay un aumento en la cantidad de jóvenes guitarristas. Esas escuelas enseñan a principiantes a tocar la guitarra. La mayoría de las canciones que enseñan son de *rock* de las décadas de 1960 y 1970. Pero también enseñan canciones más nuevas. Ahora, en las escuelas de guitarra eléctrica es habitual que suenen canciones de Taylor Swift, Ed Sheeran y Twenty One Pilots.

Un músico toca la guitarra eléctrica en una orquesta italiana, en 2016.

Los tocadiscos como este de Technics utilizan electroimanes para amplificar los sonidos.

Los miembros de Run-DMC, Darryl "DMC" McDaniels y Joseph "Run" Simmons, son famosos por su forma de rapear y los *scratchings* que hacen en las bandejas de tocadiscos.

Los sintetizadores fueron populares en la década de 1960, pero también se utilizan en la EDM, o música *dance*, moderna. Las primeras versiones utilizaban electroimanes para producir los sonidos.

uno de los primeros sintetizadores

21

Es eléctrica

Probablemente, la música siempre tendrá un lugar para las guitarras eléctricas. Y aunque no lo tenga, hay otros instrumentos que pueden hacer música con imanes. La gente está utilizando instrumentos viejos de formas nuevas. Algunas personas incluso fabrican sus propios instrumentos.

El diseñador Andy Cavatorta ha creado su propio instrumento, al que llama Arpa de Sobretonos. Quería hacer algo que nunca se hubiese hecho. Y lo consiguió. El Arpa de Sobretonos se toca como un piano y como un arpa.

El Arpa de Sobretonos funciona de forma opuesta a la guitarra eléctrica. En las guitarras eléctricas, las vibraciones de las cuerdas crean corrientes eléctricas en los electroimanes. En el Arpa de Sobretonos, los electroimanes crean sus propias corrientes, que hacen vibrar las cuerdas. Al encender la electricidad, el electroimán tira de las cuerdas del arpa. Al apagarla, las cuerdas se sueltan. Al hacer eso una y otra vez se producen sonidos intensos.

El Arpa de Sobretonos está pensada para que la toquen dos personas. Una persona puntea, rasguea, golpea o martillea las cuerdas. La segunda persona toca un teclado que está conectado a unos electroimanes. Los imanes están unidos a una caja de resonancia. Cuando los dos músicos tocan juntos, crean capas de sonido.

el Arpa de Sobretonos de Cavatorta

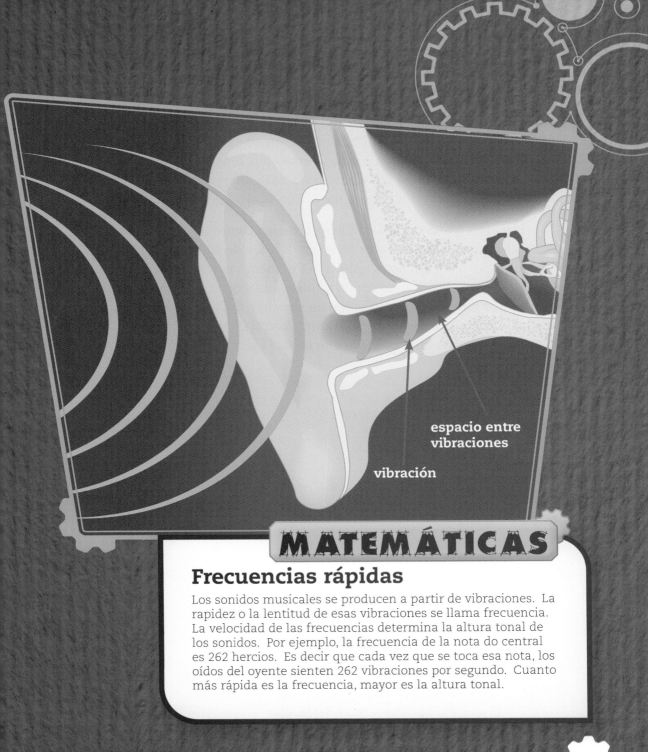

espacio entre
vibraciones

vibración

MATEMÁTICAS

Frecuencias rápidas

Los sonidos musicales se producen a partir de vibraciones. La rapidez o la lentitud de esas vibraciones se llama frecuencia. La velocidad de las frecuencias determina la altura tonal de los sonidos. Por ejemplo, la frecuencia de la nota do central es 262 hercios. Es decir que cada vez que se toca esa nota, los oídos del oyente sienten 262 vibraciones por segundo. Cuanto más rápida es la frecuencia, mayor es la altura tonal.

Otro instrumento magnético es el Drumhenge. Parece un grupo de tambores comunes, ¡pero esos tambores están lejos de ser comunes! Por lo general, un baterista golpea el parche del tambor con una baqueta. Las vibraciones del parche producen ondas sonoras en el aire. El Drumhenge funciona de forma diferente. Cada uno de los 16 parches tiene una lámina de acero y un electroimán. Cuando se envía una señal al electroimán, el parche del tambor vibra. Las vibraciones crean diferentes alturas tonales. Los 16 parches se combinan para formar un instrumento gigante.

Los artistas que tocan el Drumhenge pueden controlar la altura tonal de los tambores con controladores digitales. Pueden decidir cuántos tambores quieren tocar. Pero eso no es todo. El Drumhenge también es ajustable. Cada artista puede decidir qué notas quiere que toquen los tambores. O bien puede tocar otro instrumento, como un saxofón. El Drumhenge escucha y analiza la música. Luego, toca en armonía con el nuevo instrumento. ¡Esto le permite al artista tocar dos instrumentos a la vez!

El equipo del Drumhenge toca diferentes instrumentos mientras el Drumhenge los acompaña.

El Drumhenge fue creado por Peter English y Jeff Gregorio en el Centro ExCITe de la Universidad Drexel. Ellos querían ver cómo funcionaban juntas la música, la tecnología y la **interactividad**.

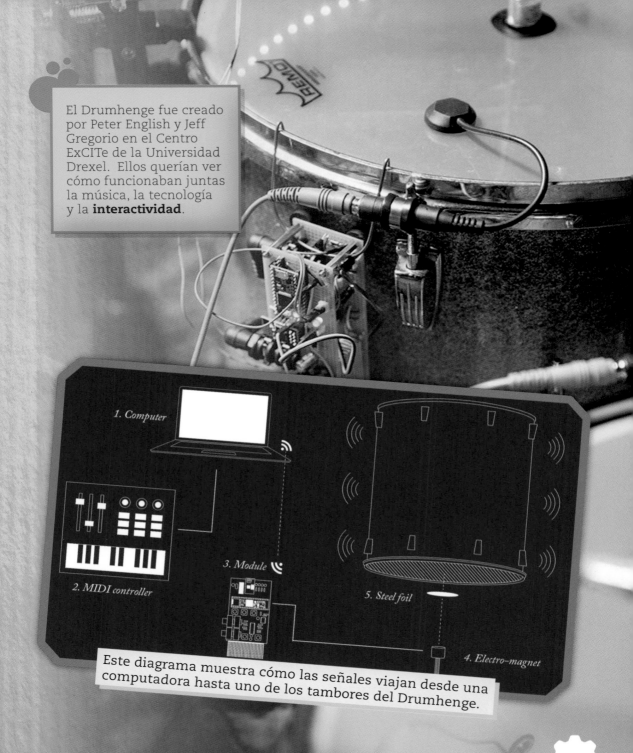

1. Computer

2. MIDI controller

3. Module

4. Electro-magnet

5. Steel foil

Este diagrama muestra cómo las señales viajan desde una computadora hasta uno de los tambores del Drumhenge.

Un nuevo sonido

Los electroimanes han jugado un papel importante en la música. Sin ellos, no tendríamos algunas de las grandes canciones que tenemos hoy. En particular, no tendríamos guitarras eléctricas. Sin las guitarras eléctricas, varias décadas de valiosa música no serían lo mismo.

La guitarra eléctrica nació gracias a las nuevas tecnologías. Pero ¿de qué manera la tecnología cambiará la música? Hoy, hay programas de computadora que crean cientos de sonidos. Algunos científicos creen que eso puede ser malo. Dicen que escuchar música creada por computadora está cambiando nuestro cerebro. Creen que esa música es demasiado perfecta. A nuestro cerebro le gusta la música que es **impredecible**. De lo contrario, podemos adivinar lo que viene después en una canción. Los estudios demuestran que para nuestro cerebro eso puede ser aburrido.

Entonces, ¿cómo podemos mantener el interés? Asistiendo a los conciertos y viendo el lado imprevisible de la música en vivo. O inventando nuevas maneras de usar imanes para hacer sonidos. Nunca se sabe: ¡tú podrías cambiar el futuro de la música!

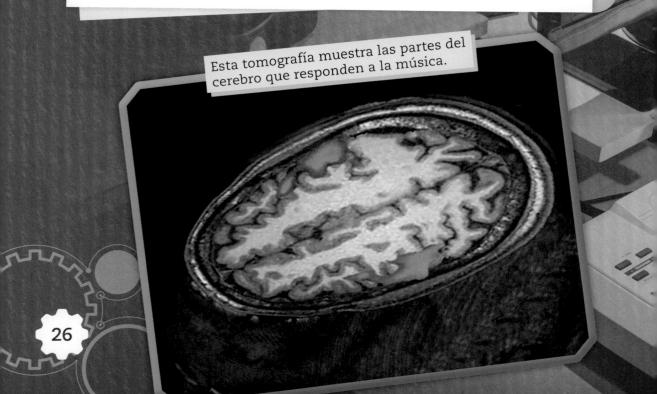

Esta tomografía muestra las partes del cerebro que responden a la música.

Las personas han estudiado el cerebro durante cientos de años. Un estudio descubrió que, cuando los guitarristas tocan a dúo, ¡sus ondas cerebrales **se sincronizan**!

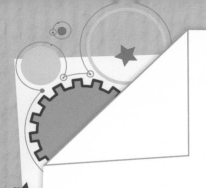

DESAFÍO DE CTIAM

Define el problema

Imagina que eres profesor de música y quieres enseñarles a tus estudiantes sobre la altura tonal. Tu idea es demostrar el concepto con materiales sencillos. Para la lección, debes diseñar y construir un instrumento que toque cuatro alturas tonales diferentes.

Limitaciones: Solo puedes usar cuatro tipos de materiales para construir el instrumento.

Criterios: Tu instrumento debe tocar cuatro alturas tonales distintas.

Investiga y piensa ideas

¿Qué es la altura tonal? ¿Cómo puede un músico que toca la guitarra eléctrica cambiar la altura tonal? ¿Cómo cambió el futuro de la música con la creación de la guitarra eléctrica?

Diseña y construye

Bosqueja el diseño de tu instrumento. ¿Qué propósito cumple cada parte? ¿Cuáles son los materiales que mejor funcionarán? Construye el modelo.

Prueba y mejora

Pídele a un amigo que te escuche mientras tocas tu instrumento. ¿Pudo distinguir cuatro alturas tonales diferentes? ¿Cómo puedes mejorar tu instrumento? Modifica tu diseño y vuelve a intentarlo.

Reflexiona y comparte

¿Cómo influyen los distintos materiales en la altura tonal? ¿Cómo puedes producir un sonido más fuerte? ¿Puedes modificar tu instrumento para añadirle más alturas tonales? ¿Por qué no necesitas una fuente de energía para oír los sonidos de tu instrumento?

Glosario

acústica: se refiere a una guitarra que no tiene un sistema electrónico de amplificación de notas

altura tonal: una cualidad que define qué tan alto o bajo es un sonido y está determinada por la frecuencia del sonido; suele denominarse "grave" o "aguda"

amplificadores: aparatos que hacen que los sonidos reproducidos a través de sistemas electrónicos suenen más fuertes

campo magnético: una región invisible alrededor de un objeto magnético que influye en otros objetos magnéticos que hay a su alrededor

conductor: un material que deja pasar la electricidad

elaborada: hecha con arte y habilidad

electroimanes: metales que se vuelven magnéticos cuando una corriente eléctrica pasa a través o cerca de ellos

enfático: que transmite fuerza o intensidad

géneros: categorías o tipos de obras de arte

impredecible: difícil de predecir o anticipar

interactividad: una característica de un sistema que responde a las acciones de un usuario

letras: las palabras de las canciones

orquestas: grupos de músicos que están conducidos por un director y que generalmente tocan música clásica juntos

patente: un documento oficial que certifica que un inventor es el único que puede fabricar, usar y vender su invento

púas: pequeños trozos de plástico o de metal que se usan para tocar las cuerdas de algunos instrumentos

riffs: patrones de notas cortos, normalmente repetidos en las canciones

se sincronizan: ocurren al mismo tiempo y a la misma velocidad

tonos: sonidos que se producen a determinada altura tonal y a determinado volumen

transforma: cambia la forma de algo o lo modifica para que pueda ser utilizado de otra manera

versátiles: capaces de hacer muchas cosas diferentes o tener muchos usos

30

Índice

CONSEJOS PROFESIONALES
del Smithsonian

¿Quieres hacer música?
Estos son algunos consejos para empezar.

"La música puede cambiarte la vida y también puede ser divertida. La diversidad de personas, historias y culturas ha dado lugar a una rica variedad de sonidos, estilos y géneros. Tengo la suerte de vivir y trabajar con música de todas partes del mundo todos los días. Aprende a tocar un instrumento: el piano, la guitarra o incluso unas cucharas. La música está en todas partes, así que párate a escuchar todos los sonidos que te rodean". —*Huib Schippers, director de Smithsonian Folkways Recordings*

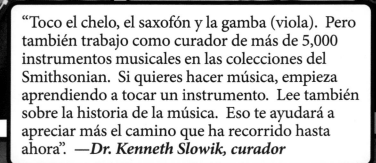

"Toco el chelo, el saxofón y la gamba (viola). Pero también trabajo como curador de más de 5,000 instrumentos musicales en las colecciones del Smithsonian. Si quieres hacer música, empieza aprendiendo a tocar un instrumento. Lee también sobre la historia de la música. Eso te ayudará a apreciar más el camino que ha recorrido hasta ahora". —*Dr. Kenneth Slowik, curador*